BEI GRIN MACHT SICH IHR WISSEN BEZAHLT

- Wir veröffentlichen Ihre Hausarbeit, Bachelor- und Masterarbeit

- Ihr eigenes eBook und Buch - weltweit in allen wichtigen Shops

- Verdienen Sie an jedem Verkauf

Jetzt bei www.GRIN.com hochladen und kostenlos publizieren

Kommunikation und Führung. Virtuelle- und Hochleistungsteams, Groupthink-Effekt und Führung

Bibliografische Information der Deutschen Nationalbibliothek:

Die Deutsche Nationalbibliothek verzeichnet diese Publikation in der Deutschen Nationalbibliografie; detaillierte bibliografische Daten sind im Internet über http://dnb.d-nb.de abrufbar.

ISBN: 9783346985279
Dieses Buch ist auch als E-Book erhältlich.

© GRIN Publishing GmbH
Trappentreustraße 1
80339 München

Alle Rechte vorbehalten

Druck und Bindung: Books on Demand GmbH, Norderstedt Germany
Gedruckt auf säurefreiem Papier aus verantwortungsvollen Quellen

Das vorliegende Werk wurde sorgfältig erarbeitet. Dennoch übernehmen Autoren und Verlag für die Richtigkeit von Angaben, Hinweisen, Links und Ratschlägen sowie eventuelle Druckfehler keine Haftung.

Das Buch bei GRIN: https://www.grin.com/document/1431868

Einsendeaufgabe

Kommunikation und Führung
Alternative B

abgegeben am 15. Juli 2018 über den online Campus der SRH Riedlingen.

Tabellenverzeichnis

Tabelle 1: Beispiel eines Moderationskonzeptes zum Thema "Führung"......... 18

Abkürzungsverzeichnis

Vgl.   Vergleiche
o. g.   oben genannten
o. J.   ohne Jahresangabe

Inhaltsverzeichnis

TABELLENVERZEICHNIS 2

ABKÜRZUNGSVERZEICHNIS 3

B1. DIFFERENZIERUNG VON VIRTUELLEN- UND HOCHLEISTUNGSTEAMS 5

B2. DER GROUPTHINK-EFFEKT 8

B3. WORKSHOP ZUM THEMA „FÜHRUNG" 12

LITERATURVERZEICHNIS 20

INTERNETQUELLEN 21

B1. Differenzierung von Virtuellen- und Hochleistungsteams

Ein Team ist ein Zusammenschluss von mehreren Personen, welche gemeinsam versuchen bestimmte Aufgaben zu Lösen oder ein bestimmtes Ziel zu erreichen. Dabei müssen sie bestimmte Merkmale aufweisen um als Team zu gelten:
- Mindestens zwei Mitglieder
- Gegenseitige Abhängigkeit durch verschiedene Eigenschaften der Teammitglieder, welche zur Zielerreichung benötigt werden
- Eigene Teamidentität, welche sich von der persönlichen Identität abgrenzt
- Entwicklung von Kommunikationsmöglichkeiten innerhalb des Teams sowie nach Außen
- Aufgaben- und zielorientierte Struktur
- Überprüfung der Teameffizienz[1]

Im Folgenden sollen die besonderen „Teamformen" **Hochleistungs- und virtuelle Teams** betrachtet werden.

Hochleistungsteams
Das Hochleistungsteam zeigt alle o. g. Merkmale. Zusätzlich sind die Mitglieder bemüht, andere Mitglieder in ihrer Weiterentwicklung und ihrem Erfolg zu unterstützen. Es besteht also Klarheit über die Wichtigkeit als Team um die gemeinsamen Ziele erreichen zu können. Hochleistungsteams übertreffen daher die Leistung anderer Teams und die erwarteten Ziele.[2] Es besteht ein starker Teamgedanke welcher sich dadurch äußert, dass alle an einem Strang ziehen und das selbe Ziel verfolgen. Dem Zugehörigkeitsgefühl der Teammitglieder wird eine große Bedeutung zugeschrieben und die Organisation innerhalb des Teams ist strukturiert und verbindlich. Die Teammitglieder sind von sich aus motiviert und konkurrieren nicht miteinander, sondern haben ein starkes Vertrauen untereinander. Auch wird ein offener Austausch bzgl. Informationen und Feedback gelebt.[3] Die Qualität der Teamführung ist ebenfalls ein essentieller

---

[1] Vgl. Möller, (2013), S. 6
[2] Vgl. Niermeyer, (2016), S. 13
[3] Vgl. Krüger, (2015), S. 8

Baustein eines erfolgreichen Teams. Der Teamleiter ist zielbezogen, sozial und von den Mitgliedern akzeptiert und vertritt das Team nach außen.[4]
Hochleistungsteams treten nur selten auf. Als Beispiele dienen Fußballmannschaften oder ein Operationsteam in der Notaufnahme.[5]

Virtuelle Teams

Durch das Internet hat sich die Art in Teams zu arbeiten verändert. In virtuellen Teams ist keine Präsenz der Mitglieder an einem Ort notwendig, da die Teammitglieder mit Hilfe neuer Medien auf der ganzen Welt kommunizieren können.[6]

Ein virtuelles Team kennzeichnet sich dadurch, dass die Teammitglieder an unterschiedlichen Standorten im In- und Ausland oder im Home Office arbeiten. Es finden regelmäßig Telefonkonferenzen und Online-Meetings statt. Die Teammitglieder und Kunden kommunizieren meist über E-Mail, Chats, Facebook oder Skype.[7] Die Zusammenarbeit ist dabei nicht an bestimmte Zeiten gebunden, wodurch die Selbstorganisation der Teammitglieder in den Vordergrund rückt. Da virtuelle Teams aufgabenorientiert arbeiten gibt es meist nur wenige bis gar keine Hierarchieebenen.[8]

Virtuelle Teams finden sich meist in international ausgerichteten Unternehmen. Laut aktuellen Studien arbeiten etwa 30% der Angestellten und Freiberufler schon heute in virtuellen Teams.[9]

Anhand der drei wissenschaftlichen Kriterien **Vertrauen, Selbstmanagement und Selbstmotivation** sowie **Konflikte**, werden im Folgenden die o. g. Teams voneinander differenziert.

Vertrauen

Einen essentiellen Einfluss auf den Erfolg eines Teams hat das Vertrauen. Gerade in virtuellen Teams, in denen sich die Mitglieder an unterschiedlichen Orten befinden, ist Vertrauen besonders wichtig. Durch persönliche Kontakte,

---

[4] Vgl. Niermeyer, (2016), S. 129
[5] Vgl. Arenberg, (2016), S. 47
[6] Vgl. App, (2013), S. 6
[7] Vgl. App, (2013), S. 7-8
[8] Vgl. Arenberg, (2016), S. 47
[9] Vgl. App, (2013), S. 6-7

gemeinsame Erfahrungen und eine gewisse Zeit von mehreren Monaten kann sich vertrauen erst entwickeln. Das macht es virtuellen Teams, durch die medial ausgelegte Kommunikation und die meist zeitliche Begrenzung der Projekte, schwerer Vertrauen aufzubauen.[10] Hochleistungsteams hingegen leben von großem Vertrauen untereinander. Die Teammitglieder müssen sich bedingungslos aufeinander verlassen können. Wird beispielsweise jemand schwerverletzt in die Notaufnahme eingeliefert, so muss jeder Handgriff des Operationsteams stimmen. Auch sind zur Vertrauensbildung gemeinsame Werte und Normen wichtig. Aufgrund der Heterogenität haben es auch hier die virtuellen Teams schwerer als die Hochleistungsteams. Kulturelle und altersbedingte Unterschiede sowie die unterschiedliche Arbeitsplatzverteilung können Hindernisse für die Entwicklung gemeinsamer Wertvorstellungen sein.[11] Hochleistungsteams entwickeln diese Werte und Normen durch die gemeinsamen Erfahrungen.[12]

Selbstmanagement und Selbstmotivation
Die Hierarchie in einem Hochleistungsteam ist klar geregelt. Da die Teammitglieder und die Führungskräfte eng miteinander zusammenarbeiten, erhöht sich der Druck des Einzelnen. Die Aufgaben müssen in einer vorgegebenen Zeit und einer vorgegebenen Art und Weise erfüllt werden. Die Qualität der erledigten Aufgaben haben einen direkten Einfluss auf das Gesamtergebnis, weshalb jedes Teammitglied weiß und versteht, was der andere macht.[13] Diese enge Zusammenarbeit gibt es in virtuellen Teams aufgrund der räumlichen Trennung und der Distanz nicht. Die Selbstmotivation stellt in einem Hochleistungsteam meistens kein Problem dar. Die Teammitglieder haben eine große Eigenmotivation und unterliegen durch die Teamführung und den anwesenden Mitgliedern einer Art Kontrolle. Ohne diese Selbstmotivation wären die Mitglieder gar kein Teil eines Hochleistungsteams geworden. Virtuelle Teams hingegen unterliegen weniger Kontrollmechanismen, da sich die Mitglieder und die Führungskraft nicht am selben Ort befinden und dadurch weniger Einfluss auf die Tätigkeit des Einzelnen nehmen können. Die

---

[10] Vgl. Arenberg, (2016), S. 50
[11] Vgl. Arenberg, (2016), S. 50
[12] Vgl. Arenberg, (2016), S. 51
[13] Vgl. Scheuss, (2012), S. 43-45

Fähigkeit der Prioritätensetzung muss somit bei virtuellen Teams ausgeprägter sein. Die virtuelle Führung ist in Ihrem Umfang und der Qualität deutlich schwächer als die Führung in Hochleistungsteams.[14]

Konflikte

Konflikte können in jedem Team auftreten. Man unterscheidet Konflikte auf der Sachebene und Konflikte auf der Beziehungsebene. Fühlt sich ein Teammitglied persönlich oder in der Ausführung seiner Arbeit eingeschränkt, kann ein solcher Konflikt entstehen.[15] Virtuelle Teams setzten sich in der Regel aus unterschiedlichen Persönlichkeiten, aus eventuell unterschiedlichen Ländern zusammen, wodurch diese nicht die gleiche Muttersprache sprechen. Dadurch kann es zu Verständigungsproblemen, Missverständnissen oder Meinungsverschiedenheiten kommen. Problematisch ist die frühzeitige Feststellung von Konflikten in einem virtuellen Team.[16] Konflikte die aufgrund der zeitlichen Einschränkung für Kommunikation aufgrund der Zeitverschiebung entstehen können[17] gibt es in Hochleistungsteams durch den ständigen Austausch und regelmäßige Meetings selten. Sollte es zu Problemen kommen, können diese angesprochen und entsprechend behoben werden.

B2. Der Groupthink-Effekt

Der Groupthink-Effekt ist ein Effekt der in Gruppen auftreten kann. Er beschreibt einen Denkmodus der Gruppenmitglieder, in dem das Harmoniebedürfnis innerhalb der Gruppe größer ist als in eine Konfliktsituation zu geraten oder die Situation realistisch einzuschätzen. Ideen werden dabei nicht kritisch bewertet, analysiert oder getestet und die individuelle Sichtweise des Einzelnen geht verloren. Das Ergebnis welches auftreten kann ist, dass eine Gruppe von intelligenten Menschen, falsche Entscheidungen oder Lösungen erarbeiten.[18]

---

[14] Vgl. Arenberg, (2016), S. 54
[15] Vgl. Niermeyer, (2016), S. 163-164
[16] Vgl. App, (2013), S. 203-204
[17] Vgl. Arenberg, (2016), S. 55
[18] Vgl. Petersen, (2009)

Damit die Harmonie aufrechterhalten werden kann, entwickeln sich unausgesprochene Regeln über das, was man sagen darf und was nicht. Dies führt zu folgenden Symptomen:
- Ideen, welche die Ansichten der Gruppe nicht vertreten, werden unterdrückt und abgewertet.
- Die Realitätswahrnehmung des Einzelnen wird eingeschränkt.
- Die Gruppe fühlt sich unverletzbar und ist überzeugt vom eigenen moralischen Denken und Handeln.
- Stereotypisierungen von Andersdenkenden.
- Beeinträchtigte Entscheidungsfindung, da nur noch wenige alternative Lösungen in Betracht gezogen werden. Das mögliche Risiko wird dabei nicht mehr beachtet.[19]
- Warnsignale werden verharmlost.
- Gruppenmitglieder trauen sich nicht mehr Kritik zu äußern.
- Alle Signale der Mitglieder werden als Zustimmung wahrgenommen.
- Bestimmte Gruppenmitglieder schirmen Informationen, welche entgegen der Gruppenmeinung sind, ab.[20]

Negative Folgen wie die nicht Beachtung von Alternativen, unvollständige Ziele oder Falscheinschätzungen von Risiken können auftreten. Auch getroffene Entscheidungen werden nicht mehr überdacht oder das hinzuziehen eines Experten wird als nicht notwendig erachtet. Wichtige Informationen werden nicht gesucht, sondern nur die Informationen die zur gebildeten Meinung passen. Es gibt innerhalb der Gruppe also nur einen Plan A.[21]

Der Groupthink-Effekt an einem Beispiel aus dem Arbeitsalltag
Im Folgenden wird der Groupthink-Effekt an einem Praxisbeispiel aus einer Bank erklärt.
Es geht um ein Meeting in welchem die Multiplikatoren für den Verkauf von Gewinnsparlosen mit den entsprechenden Vorgesetzten über die Absatzzahlen diskutierten. Bei dem Produkt handelt es sich um Lose die ein Kunde kaufen kann. Durch den Kauf nimmt er an Gewinnauslosungen teil, spart einen Teil des

---
[19] Vgl. Jiranek & Edmüller, (2015), S. 189-190
[20] Vgl. Petersen, (2009)
[21] Vgl. Petersen, (2009)

Geldes auf ein Konto und unterstützt zusätzlich die Region, da ein großer Teil der Überschüsse gespendet wird.

Vor einiger Zeit wurde aufgrund stagnierender Absatzzahlen eine Gruppe von Multiplikatoren gebildet, welche die Verkäufe in den Bankfilialen voranbringen sollen bzw. das Team innerhalb der Filiale beim Verkauf unterstützen sollen. Beim vorherigen Austausch, der nur zwischen den Multiplikatoren stattfand, waren sich alle einig, dass sich der Verkauf immer schwieriger darstellt und die Nachfrage nach den Losen aus diversen Gründen nicht mehr wie in früherem Ausmaß vorhanden ist. Innerhalb des Austauschs mit den Vorgesetzten, unter denen sich auch der Vertriebsleiter befand, trauten sich lediglich zwei Multiplikatoren Kritik zu äußern. Die geäußerte Kritik wurde nicht ernst genommen, da die Vorgesetzten, nach wie vor, von dem Produkt uneingeschränkt überzeugt sind. Dadurch, dass die anderen Multiplikatoren schwiegen wurde dies als Zustimmung gegenüber den Vorgesetzten wahrgenommen. Aus Angst als Vertriebsmitarbeiter mit dem Vertriebsleiter in einen Konflikt zu geraten und dadurch langfristigen negativen Konsequenzen gegenüberzustehen, wurde die eigene Meinung nicht kundgetan.

Dieses Praxisbeispiel erklärt die theoretischen Grundlagen des Groupthink-Effektes. Weitere Beispiele sind Pearl Habor, die Watergate-Affäre, die Reaktorkatastrophe in Tschernobyl und der Irak-Krieg.[22]

Handlungsanweisungen zur Vermeidung des Groupthink-Effektes

Um den Groupthink-Effekt zu vermeiden, gibt es verschiedene Präventionsmaßnahmen. Dabei unterscheidet man nach der Ausprägung des Groupthink-Effektes, welcher in schwacher, mittlerer und starker Form vorliegen kann.

Wird der Groupthink-Effekt in schwacher Form bemerkt, so kann dies sogar förderlich für den Zusammenhalt der Gruppe sein. Er muss jedoch stets beobachtet werden, damit er sich nicht verstärkt. Zunächst sollten die Gruppenmitglieder sensibilisiert werden, indem Ihnen Informationen bezüglich des Effektes zur Verfügung gestellt werden. Des Weiteren sollte Ihnen ein offener Austausch vermittelt werden und dass Kritik und Ideen offensiv in der Gruppe besprochen werden müssen. Der Gruppenleiter wird darauf hingewiesen, dass

---

[22] Vgl. Arenberg, (2016), S. 27-28

er Äußerungen zu seiner persönlichen Meinung zu Beginn des Arbeitsprozesses zurückhalten soll und mehr die Rolle eines Moderators übernimmt. So wird vorerst die Leitungsfunktion abgestellt und die Ideen der anderen gefördert.[23] Es bietet sich an diese Maßnahmen vor jeder Gruppenarbeit präventiv anzubieten, um dem Groupthink-Effekt von vornerein entgegenzuwirken.

Wird der Effekt in mittlerer Form festgestellt, so muss dieser genauer analysiert werden. Die Mitglieder über den Effekt zu informieren, könnte einzelne Personen zum Nachdenken anregen, wird jedoch nicht ausreichend sein. Wichtig kann der Einbezug eines externen Moderators sein, welcher als Beobachter und Berater in den Entscheidungsprozess und die Diskussionen eingreifen kann. Auch sollten die Teammitglieder aufgefordert werden, Ihre Meinung offen zu äußern, Vorschläge zu hinterfragen und weitere Ideen oder Alternativen miteinzubringen. Auch die Einräumung einer Bedenkzeit, bevor Entscheidungen endgültig getroffen werden, sollte integriert werden.[24]

Liegt der Effekt in starker Ausprägung vor, sollten neben den bereits genannten Maßnahmen der Sensibilisierung der Gruppenmitglieder und der Stärkung einer offenen Kommunikation[25] weitere Schritte eingeleitet werden. Da Hinterfragungen nicht beachtet werden und ein autoritärer Führungsstil vorliegt ist es ratsam einen externen Entscheidungsträger in die Gruppe aufzunehmen, der neuen Input und eine neue Meinung hinzufügt.[26] Die Gruppenleiterposition sollte zusätzlich ausgetauscht werden.[27]

Zeigt sich keine Wirkung der Maßnahmen, sollte die Gruppe aufgelöst und neu zusammengestellt werden. Die neu gebildete Gruppe sollte dann gegenüber dem Groupthink-Effekt von Anfang an sensibilisiert werden.

Zusammenfassend lässt sich sagen, dass bei der schwachen Ausprägung des Effektes, sich dessen Weiterentwicklung relativ gut verhindern lässt. Bei einer mittleren Ausprägung muss die Haltung des Einzelnen stärker beeinflusst werden. Liegt dagegen eine starke Ausprägung vor, so muss die gesamte Gruppenstruktur hinterfragt werden.

---

[23] Vgl. Arenberg, (2016), S. 29
[24] Vgl. Arenberg, (2016), S. 29-30
[25] Vgl. Arenberg, (2016), S. 29
[26] Vgl. Bauer & Welk, (2006), S. 134
[27] Vgl. Arenberg, (2016), S. 29

Je nach Stärke der Ausprägung sollten also unterschiedliche Präventionsmaßnahmen genutzt werden. Der Groupthink-Effekt stellt somit ein Risiko für das Unternehmen dar, da durch ihn falsche Entscheidungen getroffen werden. Es sollte darauf geachtet werden, dass die Gruppen sorgfältig und möglichst heterogen zusammengestellt werden.

B3. Workshop zum Thema „Führung"

In dieser Aufgabe wird die Planung und Durchführung eines Workshops zum Thema „Führung" bearbeitet. Der eintägige Workshop, welcher von einer Führungskraft durchgeführt wird, richtet sich dabei an fünf Absolventen, die nach dem Onboarding ein Team aus jeweils drei nicht akademischen Mitarbeitern führen sollen.

Zunächst wird die Vorbereitungsphase erläutert um anschließend das Moderationskonzept vorzustellen, welches den zeitlichen Rahmen, den Inhalt, die Methode und die Zielsetzung umfasst. Auch die Regeln, die ein Moderator im Umgang mit Gruppen beachten sollte werden erklärt. Zum Schluss wird die Aufgabe mit einem Fazit beendet.

Zu Anfang des Workshops wird über die Thematik „Führung" und deren Auswirkungen auf den Unternehmenserfolg gesprochen, da moderne Führungskonzepte zu einer geringeren Mitarbeiterfluktuation und höherer Mitarbeiterzufriedenheit führen können. Dadurch steigen auch die qualitativen Arbeitsergebnisse und die Kundenzufriedenheit.[28] Um die Planung des Workshops starten zu können, müssen zunächst die Vorgehensweise zur Zielerreichung und die Messungsmethode zur Evaluation des Workshops definiert werden. Innerhalb des Workshops wird den angehenden Führungskräften gezeigt, wie wichtig eine gute Führung für den Unternehmenserfolg und innerhalb von Gruppen sein kann. Außerdem sollen die Teilnehmer Methoden entwickeln und Wege aufzeigen, wie eine Gruppe erfolgreich geführt werden kann um die persönlichen Ressourcen des Einzelnen optimal nutzen zu können.

---

[28] Vgl. Seiniger, (2015), S. 1-3

Das Ziel des Führungs-Workshops ist dabei die Führungsqualitäten zu verbessern, sodass die Mitarbeiter insgesamt zufriedener sind, denn dadurch steigen nicht nur die Motivation und die Qualität der Arbeitsergebnisse, sondern es verringern sich auch die Mitarbeiterausfälle aufgrund von Fehlzeiten.[29] Der Erfolg lässt sich anhand der Mitarbeiterzufriedenheit messen. Diese Zufriedenheit lässt sich durch regelmäßige Befragungen[30] und Mitarbeiterjahresgespräche feststellen. Wichtig zu beachten ist jedoch, dass Mitarbeiterjahresgespräche aufgrund ihrer Nicht-anonymität stets zu hinterfragen sind, da die Mitarbeiter aus Angst vor negativen Konsequenzen unter Umständen falsche oder verzerrte Angaben machen.[31]

Das Fundament eines erfolgreichen Workshops bildet der Ablaufplan.[32] Daneben sind bei der Planung auch die Rahmenbedingungen zu berücksichtigen. Diese bestehen aus dem zeitlichen Rahmen, der Örtlichkeit und dem verfügbaren Budget für die Veranstaltung.[33] Als Planungshilfe kann hier eine Mindmap herangezogen werden, welche alle wichtigen Informationen zusammenfasst und einen guten Überblick verschafft.[34]

Die Moderation bildet einen weiteren wichtigen Aspekt des Workshops. Hier wird der „Moderationszyklus" näher betrachtet, der die Ziele des Moderationsprozesses enthält.

Der Moderationsprozess gliedert sich in sechs Phasen, innerhalb derer die Teilnehmer bereits stark miteinander interagieren.[35]

In der ersten Phase sollen die Teilnehmer ein positives Gefühl vermittelt bekommen um gut zu starten. Auf inhaltlicher Ebene gehört dazu, die Vorstellung der Tagesordnungspunkte, die zeitliche Gliederung des Ablaufplanes und die Veranschaulichung der Ziele, die erreicht werden sollen. In diese Phase gehört aber auch die persönliche Ebene. Die Unsicherheiten der Teilnehmer sollen verringert werden, indem ihnen die Möglichkeit gegeben wird, Fragen zu stellen. Je nach Erfahrung der Teilnehmer mit Workshops können folgende Fragen

---

[29] Vgl. Seiniger, (2015), S.1-3
[30] Vgl. LamaPoll, (o. J.a)
[31] Vgl. LamaPoll, (o. J.b)
[32] Vgl. Lienhart, (2015), S. 75
[33] Vgl. Lienhart, (2015), S. 60
[34] Vgl. Lienhart, (2015), S. 77
[35] Vgl. Seifert & Kerschbaumer, (2012), S. 51-52

auftreten: Wie funktioniert so etwas? Mache ich das so überhaupt richtig? Wer sind die anderen Personen? Wann darf ich etwas sagen?[36]

In der zweiten Phase werden Themen gesammelt, die besprochen werden und gegebenenfalls der Agenda hinzugefügt werden. Im besten Fall wurden diese Themen bereits im Vorfeld geklärt, trotzdem kann es vorkommen, dass ein Teilnehmer noch über etwas Bestimmtes sprechen möchte. Wichtig ist auch hier, die klare Zielformulierung. Innerhalb dieses Gruppenprozesses, ist darauf zu achten, dass alle Teilnehmer über die Themen informiert sind, alle Fragen der Agenda geklärt sind und „brennende" Fragen in der Agenda ergänzt wurden. Die Teilnehmer sollen ein Gefühl vermittelt bekommen, dass ihre Anliegen Gehör finden, wodurch sie sich mehr mit dem Thema identifizieren können.[37] Die Teilnehmer könnten an dieser Stelle ihre noch offenen Fragen auf Karten schreiben, welche dann an einer Pinnwand zur Visualisierung gesammelt werden.

In der dritten Phase geht es um die Auswahl und Bearbeitungsreihenfolge der Themen. Dies lässt sich entweder durch den Moderator festlegen, der seinen Vorschlag von der Gruppe bestätigen lässt oder alternativ kann per Abstimmung die Reihenfolge festgelegt werden.[38] Bei einer kleinen Gruppe, wie im Beispiel, genügt meist eine mündliche Absprache.

In der vierten Phase werden die vorher festgelegten Themen in der vorher festgelegten Reihenfolge bearbeitet. Die Ziele der Themen können der Informationsaustausch, die Problemanalyse, die Entscheidungsvorbereitung oder das Treffen der Entscheidung selbst sein. Je nach Ziel werden dabei unterschiedliche Werkzeuge oder Methoden eingesetzt. In dieser Phase dürfen die Grundregeln für einen guten Gruppenprozess nicht außer Acht gelassen werden. Die gewählte Methode muss indiskutabel vorgestellt werden und die Gruppe muss genau wissen, was sie zu tun hat. Weitere Schritte sollten zwischenzeitlich visualisiert werden und Arbeitsschritte sollten kurz demonstriert werden, da davon auszugehen ist, dass es Teilnehmer gibt, die noch nicht sicher im Umgang mit den Werkzeugen sind.[39] Teamwork steht in dieser Phase im Mittelpunkt. Der Moderator muss darauf achten, dass jeder Teilnehmer gleich viel

---

[36] Vgl. Seifert & Kerschbaumer, (2012), S. 52-53
[37] Vgl. Seifert & Kerschbaumer, (2012), S. 53-54
[38] Vgl. Seifert & Kerschbaumer, (2012), S. 55
[39] Vgl. Seifert & Kerschbaumer, (2012), S. 56

Redezeit bekommt, sodass niemand ungerecht behandelt wird. Dabei muss er auch versuchen die etwas ruhigeren Personen zum Reden zu animieren und die Vielredner zu bremsen. Die Vorgabe eines genauen Zeitmanagements ist ebenfalls wichtig und muss vom Moderator ernst genommen werden. Die Phase dient noch nicht der Umsetzung von Lösungen, sondern zunächst nur der Findung und Diskussion von unterschiedlichen Lösungsansätzen.[40]

In der fünften Phase wird ein „Maßnahmeplan" erstellt. Dieser legt fest, welche Maßnahmen ergriffen werden um den erarbeiteten Lösungsvorschlag umzusetzen und wer was bis wann dafür zu erledigen hat. Dieser Plan wird mit der Gruppe besprochen und sollte inhaltlich genauestens formuliert und mit den Teilnehmern kommuniziert werden. Auch hier wird ein konkreter zeitlicher Rahmen festgelegt, bis wann Ergebnisse sichtbar sein sollen.[41]

In der sechsten Phase und der somit letzten Phase des Moderationsprozesses, geht es darum, dass der Workshop und die Zusammenarbeit reflektiert werden. Es sollten nochmals alle Teilnehmer gefragt werden, ob es noch offene Fragen gibt oder ob noch jemand etwas einbringen möchte. Ein abschließendes Feedback in Form eines Feedbackbogens der Teilnehmer bietet sich ebenfalls an.[42]

Aber nicht nur die inhaltliche, methodische und zeitliche Planung sind wichtig, sondern auch die Vorbereitung des Moderators. Ein Moderator ist dabei kein Fachexperte sondern hält sich inhaltlich bewusst zurück um möglichst neutral zu agieren. Er gibt somit die Struktur und Methodik vor unter derer die Teilnehmer die festgelegten Ziele erreichen können. Der Moderator stellt der Gruppe ihre Meinungsverschiedenheiten und Diskussionen visuell dar, um diese zu leiten und zu strukturieren. Dies kann durch verschiedene Medien wie Flipcharts oder Whiteboards geschehen. Auch für die Einhaltung der vorher besprochenen Spielregeln und das Überwachen des Zeitplanes ist er verantwortlich.[43] Die Einforderung eines Feedbacks der Teilnehmer ist nicht nur am Ende der Veranstaltung zu empfehlen, sondern auch zwischendurch. Die Vorort-Reflexion, welche in Pausen eingebaut werden kann, dient dem Moderator während des

---

[40] Vgl. Seifert & Kerschbaumer, (2012), S. 57
[41] Vgl. Seifert & Kerschbaumer, (2012), S. 58
[42] Vgl. Seifert & Kerschbaumer, (2012), S. 58-59
[43] Vgl. Lienhart, (2015), S. 22-23

Workshops zur Reflexion von Gedanken und Empfindungen innerhalb der Gruppe.[44]

Im Folgenden ein Beispiel für einen Moderationsplan zum Workshop „Führung".

Zeit	Phase	Inhalt	Methode	Ziel
08:00-08:30 Uhr	Einstieg	Begrüßung der Teilnehmer und Vorstellung des Moderators. Vorstellung und Zielsetzung des Themas sowie Abfrage der Erwartungen der Teilnehmer.	Grußwort und Erwartungs-abfrage	Lockere Atmosphäre schaffen, Ängste nehmen, Vorstellung des Ablaufplans
08:30-09:30 Uhr	Themensammlung	Ideen sammeln zum Thema „Führung" und seiner Bedeutung	Brain-storming mit Pinnwand	Herausfinden was die Teilnehmer interessiert und was bearbeitet werden muss
09:30-10:00 Uhr	Frühstückspause	Bereitstellung von Snacks und Getränken		Austausch unter den Teilnehmern und Regeneration

---

[44] Vgl. Lienhart, (2015), S. 156

Zeit				
10:00-10:30 Uhr	Themenauswahl	Auswahl der zu behandelnden Themen durch eine Diskussionsrunde	Offene Diskussionsrunde	Herausfiltern der Themen, welche die meisten Teilnehmer als interessant ansehen
10:30-12:00 Uhr	Bearbeitung der Themen	Erfahrungsaustausch zu den Themen und Informationssammlung	Austausch und Problemanalyse	Erarbeitung und Erklärung von Lösungsansätzen
12:00-13:00 Uhr	Mittagspause	Gemeinsames Essen		Austausch unter den Teilnehmern und Regeneration
13:00-14:00 Uhr	Bearbeitung der Themen	Die erarbeiteten Lösungsansätze werden vertieft	Entscheidungsvorbereitung mit Plakaten	Konkrete Vorstellung der Lösungsvorschläge
14:00-15:30 Uhr	Maßnahmeplanung	Auswahl der geeignetsten Lösung und Erstellung eines Maßnahmeplans zur Umsetzung	Maßnahme-plan	Maßnahmen sowie die Führungsarten für die neuen Mitarbeiter werden festgelegt
15:30-16:00 Uhr	Abschluss	Zusammenfassung des Workshops, Feedback der Teilnehmer	Feedbackbogen	Reflexion des Workshops und Feedback für den Moderator

Tabelle 1: Beispiel eines Moderationskonzeptes zum Thema "Führung"[45]

Die inhaltliche, methodische und zeitliche Planung sind durch den Moderationsplan und den Sechs-Phasen-Moderationszyklus vorgegeben. Es müssen jedoch auch die Rahmenbedingungen und die zwischenmenschliche Ebene betrachtet werden. Zu einem guten Workshop gehört auch die Auswahl und Organisation einer geeigneten Räumlichkeit. Da der Workshop in diesem Beispiel mit insgesamt sechs Personen (fünf Absolventen und ein Moderator) stattfinden wird, wird kein großer Raum benötigt. Jedoch sollte der Raum auf seine zeitliche Verfügbarkeit geprüft und reserviert werden. Auch eine Reservierung in der Kantine oder einem nahe gelegen Restaurant für die Mittagspause ist ratsam. Außerdem müssen die benötigten Medien vorhanden sein bzw. beigeschafft werden, dazu zählen in diesem Beispiel die Pinnwand, Plakate und Stifte sowie die Feedbackbögen. Des Weiteren muss die Anordnung der Stühle, Tische und Medien geklärt werden, sodass die Teilnehmer alle gut an den Tischen zusammenarbeiten können und gleichzeitig einen guten Blick auf die Pinnwand haben. Um den Austausch zu Fördern und die Konzentration möglichst stabil zu halten sollte auf genügend Pausen geachtet werden. Der Moderator muss den Teilnehmern den Sinn und Zweck der Veranstaltung sowie deren Wichtigkeit klar kommunizieren um die Gruppe von Beginn an zur Mitarbeit zu motivieren. Dabei muss er der Thematik gegenüber stets neutral und unvoreingenommen gegenüberstehen, dadurch können die Teilnehmer hemmungslos und ohne Angst vor eigenem Unwissen ihre Gedanken und Ideen äußern. Die Spielregeln für ein gemeinsames, respektvolles Zusammenarbeiten müssen von Anfang an geklärt werden um ein angenehmes Klima zu schaffen. Der Moderator sollte auf die Teilnehmer und deren Anregungen eingehen um ihnen das Gefühl zu geben, ernst genommen zu werden. Am Schluss sollte der Moderator den Workshop nochmals zusammenfassen und die Feedbackbögen von den Teilnehmern ausfüllen lassen.

---

[45] Eigene Darstellung

Fazit

Der Erfolg eines Teams ist abhängig von der Führungskraft. Sie sollte sowohl fachlich als auch sozial ein Team führen können und regelmäßig in neuen Führungsmethoden darin geschult werden.

Für jeden Workshop sollte ein Moderationskonzept erstellt werden um einen strukturierten und produktiven Ablauf zu gewährleisten. Der Erfolg des Workshops ist vom Moderator sowie der Motivation und Mitarbeit der Teilnehmer abhängig.

Literaturverzeichnis

App, S. (2013). *Virtuelle Teams*. Freiburg: Haufe Verlag.

Arenberg, P. (2016). *Teamentwicklung*. Riedlingen: Studienbrief der SRH Riedlingen.

Bauer, M., & Welk, I. (2006). *OP-Management: praktisch und effizient*. Wiesbaden: Springer Verlag.

Jiranek, H., & Edmüller, A. (2015). *Konfliktmanagement (4. Auflage)*. Freiburg: Haufe- Lexware GmbH & Co. KG.

Krüger, W. (2015). *Teams führen (7. Auflage)*. Freiburg: Haufe- Lexware GmbH & Co. KG.

Lienhart, A. (2015). *Seminare, Trainings und Workshops lebendig gestalten*. Freiburg: Haufe- Lexware GmbH & Co. KG.

Möller, S. (2013). *Erfolgreiche Teamleitung in der Pflege*. Berlin, Heidelberg: Springer Verlag.

Niermeyer, R. (2016). *Teams führen (2. Auflage)*. Freiburg: Haufe- Lexware GmbH & Co. KG.

Scheuss, R. (2012). *Change Tools. Wandel bewirken, Super- Teams gestalten, Engagement mobilisieren*. Regensburg: Walhalla Fachverlag.

Seifert, J., & Kerschbaumer, B. (2012). *30 Minuten- Online Moderation (2. Auflage)*. Offenbach: GABAL Verlag GmbH.

Seiniger, D. (2015). *Kunden- und Mitarbeiterzufriedenheit. Einfluss von Führungskräften auf den Unternehmenserfolg*. Hamburg: Bachelor + Master Publishing.

Internetquellen

LamaPoll, (o. J.a): *Mitarbeiterzufriedenheit messen*. Zugriff am 14.07.2018, Verfügbar unter
https://www.lamapoll.de/Mitarbeiterbefragung-1/Mitarbeiterzufriedenheit-messen

LamaPoll, (o. J.b): *Mitarbeitergespräche Online- Vorbereitung, Durchführung und Feedback*. Zugriff am 14.07.2018, Verfügbar unter
https://www.lamapoll.de/Mitarbeiterbefragung-1/Mitarbeitergespraech

Petersen, G., (2009): *Groupthink kills- wie Gruppendenken zu schlechten Entscheidungen führt*. Zugriff am 08.07.2018, Verfügbar unter
http://blog.my-skills.com/2009/10/11/groupthink-kills-wie-gruppendenken-zu-schlechten-entscheidungen-fuehrt.html